You Can Read Japan

MW00886490

ShortStories
for Japanese
Learners

- Volume 1 -

Learn Japanese Learn Japanese with an Authentic and

Fun Short Story Collection for Beginners!

JAPANESE LANGUAGE PARK

Short Stories for Japanese Learners (Level 1, Volume 1)

All text and illustrations copyright © 2023 by Yumi Nishino

First Edition July 2023

ISBN 9798395674241

Simplify Translation: Kazuhiko Oki / Yumi Nishino

English Translation: Alessandro Easthope

Illustration: Shino Nishikawa

Leveling Guide: Based on the guidelines at NPO Tadoku, tadoku.org.

Japanese Language Park

LET'S READ JAPANESE!

You Can Read Japanese! series helps you by guiding you through fun, engaging stories on your Japanese learning adventure. This book uses proven learning methods of native speakers to help you acquire language skills. By reading these stories, you'll acquire useful and common Kanji effectively without resorting to writing drills. Easily use this guide to discover your own level of learning by starting with easy stories and finding your own strengths and weaknesses.

Level 1 **Introductory Level**
Suitable for new learners who have learned Hiragana and Katakana and are able to read short sentences in simple grammar.

Level 2 **Pre-Intermediate Level**
Suitable for learners who can understand basic phrases and language structure in addition to reading slightly longer sentences.

Level 3 **Intermediate Level**
Ideal for learners who can understand complex grammar and vocabulary and read long passages with ease.

Level 4 **Advanced Level**
Ideal for learners who can understand honorifics, conversations in near native Japanese and can read Kanji without Furigana.

Level 5 **Native Level**
Suitable for learners who are able to follow abstract writings and idioms, finally helping in reading general books.

Japanese Language Park will provide you with new vocabulary in familiar settings, making it easy to understand new phrases and combinations with exciting stories spanning multiple genres.

Visit https://jplgpark.com for more information.

CONTENTS

YOUR FREE GIFT

Can you read Hiragana? Then you're ready to go!

You Can Read Japanese!   Level 0

What You'll Find
- Three famous folktales for new learners
- Simple grammar
- Color illustrations for all pages
- All Katakana and Kanji have Furigana
- Downloadable Japanese audio

To pick up your FREE book, visit here:

https://gift.jplgpark.com/folktales

THE 5 TIPS FOR EFFECTIVE EXTENSIVE READING

1. **The more you find enjoyment in reading, the more you will read.** The more you read, the more your vocabulary will grow. Try to pick up and read stories that match your interests and needs.

2. **You don't need to understand everything.** If you find a word you don't know, consider yourself lucky to have it as a chance to grow. Try to guess its meaning. Words used repeatedly may be essential words you can guess from the context.

3. **Reading achievement is important.** Setting goals can help you feel more positive. You'll get great results. For example, set a goal: "If I can read one story within 30 minutes, today's reading challenge is a success."

4. **Share your goals with your friends or family.** Share your learning plan on social media. Sharing your goal will significantly increase your motivation.

5. **Reading is input, so the next step is output.** It will help you understand the content better and help you retain the knowledge you have acquired through reading. It is recommended that you write a book report that describes the story in your own words and connects it to your feelings.

Of course, these are all things you might remember from when you learned to read your native language. You'll carry those same tips into your Japanese studies, because although it may be very different from English, Japanese is just another language. Things like this can help to demystify the language, despite its numerous challenges and differences.

Translator's Note

When I was translating these short stories, there were times when I chose to prioritize easier expressions or syntax that was closer to the original Japanese over something that may have been more natural but difficult. I did this so the reader could more easily compare and contrast the two languages and get the most educational value from it.

There are a few discrepancies you may notice. For example, in Japanese it's common to jump around from present to past tense or from first person to third person when telling a story. I found that to sound too unnatural in English and avoided that.

I believe these will be very enjoyable and useful stories to help you learn. I encourage you to think about the differences between the Japanese and English and alternate ways of wording things. It will help you on your language learning journey! Please enjoy reading this book.

Spring in the Village, Spring in the Mountain

里の春、山の春

さと　　　はる　　　やま　　　はる

作: 新見　南吉　　　簡訳: 沖　一彦

英訳：Alessandro Easthope

里に春が来ました。
桜の花が咲きました。
鳥の声も聞こえます。

でも、山の春は、まだ来ません。
山の一番上に、白い雪があります。

山の奥に鹿の家族がいました。
お父さんと、お母さんと、
その子どもです。

子どもの鹿は、少し前に生まれました。
ですから、子鹿は、春がわかりません。

「お父さん、

　春は、どんなものですか？」

「春は、花が咲きますよ」

「お母さん、

　花は、どんなものですか？」

「花は、きれいなものですよ」

「ふうん」

でも、子鹿は、花もわかりません。
花は、どんなものでしょう？
春は、どんなものでしょう？

よくわかりませんでした。

ある日、
子鹿は、一人で山の中を歩きました。

ぼおん
遠いところから、音が聞こえました。
「何の音？」

ぼおん
音は、山の下から聞こえます。

子鹿は、下へ下へ行きました。

山の下に、里がありました。

里には、桜の花。

花は、いい匂いです。

一本の桜の木の下に、

おじいさんが、いました。

おじいさんは、子鹿を見ました。そして、桜の枝を子鹿の角に結びました。

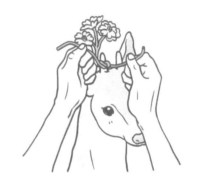

「これはかんざし[1]だよ」
子鹿は、とてもうれしかったです。

---

[1] かんざし……A traditional hairpiece worn by women in ancient Japan. It's shaped like a pin.

子鹿は、山へ帰りました。
そして、音や、花や、おじいさんの話を
しました。

お父さんと、お母さんは言いました。
「それは、お寺の鐘の音ですよ」
「その枝が桜ですよ」
「花がたくさんありましたか？
　いい匂いでしたか？
　それが春ですよ」

山の奥へ、春が来ました。

そして、いろいろな花が咲きました。

VOCABULARY LIST · 単語リスト

- 里 / *sato* / village
- 咲く, 咲きます / *saku, sakimasu* / to bloom
- 聞こえる, 聞こえます / *kikoeru, kikoemasu* /

  to be able to hear sth, can hear, sounds like
- 奥 / *oku* / inner part (of sth),

  the depths (of sth)
- 鹿 / *shika* / deer
- 音 / *oto* / sound
- 匂い / *nioi* / smell
- 優しい / *yasashii* / kind
- 枝 / *eda* / branch
- 角 / *tsuno* / horn
- 結ぶ, 結びます / *musubu, musubimasu* / to tie
- かんざし / *kanzashi* / kanzashi
- お寺 / *otera* / temple
- 鐘 / *kane* / bell

QUESTIONS・問題

次の問題から、正しい答えを一つ選んでください。

1. 「ぼおん」は、何の音ですか？[2]
   A. 鳥の声
   B. お寺の鐘
   C. おじいさんの声

2. 誰が、里へ行きましたか？[3]
   A. 鹿の家族
   B. 子鹿だけ
   C. おじいさん

---

[2] Q1. What made the "bong" sound?

[3] Q2. Who went to the village?

3. 子鹿のお父さんとお母さんは、春が、わかりますか？[4]

    A.　はい、わかります

    B.　いいえ、わかりません

4. お話の内容と合っているものは、どれですか？[5]

    A.　お寺は、山の奥にあります

    B.　子鹿は、春に生まれました

    C.　子鹿は、おじいさんに桜の枝をもらいました

---

[4] Q3. Did the fawn's mom and dad understand that it was spring?

[5] Q4. Which one matches the contents of the story?

ANSWERS・解答(かいとう)

---

1. B.　お寺(てら)の鐘(かね)

The temple bell.

2. B.　子鹿(こじか)だけ

Only the fawn.

3. A.　はい、わかります

Yes, they understood.

4. C.　子鹿(こじか)は、おじいさんに桜(さくら)の枝(えだ)をもらいました

The fawn's received the branch of a cherry tree from the old man.

ENGLISH TRANSLATION・英訳

<ruby>里<rt>さと</rt></ruby>に<ruby>春<rt>はる</rt></ruby>が<ruby>来<rt>き</rt></ruby>ました。<ruby>桜<rt>さくら</rt></ruby>の<ruby>花<rt>はな</rt></ruby>が<ruby>咲<rt>さ</rt></ruby>きました。<ruby>鳥<rt>とり</rt></ruby>の<ruby>声<rt>こえ</rt></ruby>も<ruby>聞<rt>き</rt></ruby>こえます。

でも、<ruby>山<rt>やま</rt></ruby>の<ruby>春<rt>はる</rt></ruby>は、まだ<ruby>来<rt>き</rt></ruby>ません。

<ruby>山<rt>やま</rt></ruby>の<ruby>一番上<rt>いちばんうえ</rt></ruby>に、<ruby>白<rt>しろ</rt></ruby>い<ruby>雪<rt>ゆき</rt></ruby>があります。

<ruby>山<rt>やま</rt></ruby>の<ruby>奥<rt>おく</rt></ruby>に<ruby>鹿<rt>しか</rt></ruby>の<ruby>家族<rt>かぞく</rt></ruby>がいました。

お<ruby>父<rt>とう</rt></ruby>さんと、お<ruby>母<rt>かあ</rt></ruby>さんと、その<ruby>子<rt>こ</rt></ruby>どもです。

<ruby>子<rt>こ</rt></ruby>どもの<ruby>鹿<rt>しか</rt></ruby>は、<ruby>少<rt>すこ</rt></ruby>し<ruby>前<rt>まえ</rt></ruby>に<ruby>生<rt>う</rt></ruby>まれました。

ですから、<ruby>子鹿<rt>こじか</rt></ruby>は、<ruby>春<rt>はる</rt></ruby>がわかりません。

Spring had come to the village. The cherry blossoms had bloomed. You could hear the sounds of birds.

But, spring hadn't arrived to the mountains.

There was white snow on the mountaintop.

A family of deer lived in the depths of the mountains.

There was a mother, a father, and their child.

The baby deer had been born just a while ago.

So, the fawn didn't know what spring was.

「お父さん、春は、どんなものですか?」

「春は、花が咲きますよ」

「お母さん、花は、どんなものですか?」

「花は、きれいなものですよ」

「ふうん」

でも、子鹿は、花もわかりません。花は、どんなものでしょう?　春は、どんなものでしょう?　よくわかりませんでした。

ある日、子鹿は、一人で山の中を歩きました。

"Dad, what is spring?"

"Spring is when the flowers bloom."

"Mom, what are flowers?"

"Flowers are something beautiful."

"Hmm."

But, the fawn didn't understand what flowers are. What are flowers? What is spring? He didn't understand.

One day, the fawn walked around the mountain alone.

ぼおん

遠いところから、音が聞こえました。

「何の音？」

ぼおん

音は、山の下から聞こえます。

子鹿は、下へ下へ行きました。

山の下に、里がありました。里には、桜の花。花
は、いい匂いです。

一本の桜の木の下に、おじいさんがいました。

BONG!

He heard a noise from far away.

"What was that sound?"

BONG!

The sound was coming from the bottom of the
mountain.

The fawn went down and down the mountain.

At the bottom of the mountain, there was a village.

In the village, there were cherry blossoms. They
smelled good.

There was an old man under one of the cherry
trees.

おじいさんは、子鹿を見ました。そして、桜の枝を子鹿の角に結びました。

「これはかんざしだよ」

子鹿は、とてもうれしかったです。

子鹿は、山へ帰りました。そして、音や、花や、おじいさんの話をしました。

お父さんと、お母さんは言いました。

「それは、お寺の鐘の音ですよ」

「その枝が桜ですよ」

The old man looked at the fawn. He tied a branch of the cherry to the fawn's horns.

"This is a *kanzashi*."

The fawn was very happy.

The fawn went back home. He talked about the noise, the flowers, and the old man.

The fawn's mother and father said,

"That's the sound of a temple bell."

"That is a cherry tree branch."

「花がたくさんありましたか？　いい匂いでした
か？　それが春ですよ」
山の奥へ、春が来ました。そして、いろいろな花
が咲きました。

"There were a lot of flowers, right? Did they smell
good? That's spring."
Spring had come to the depths of the mountain. All
the flowers began to bloom.

How to Count

数え方
(かぞえかた)

四月十日(水)

一 二 三 四 五
六 七 八 九 十

原典: 昨日は今日の物語　簡訳: 沖　一彦
(げんてん きのう きょう ものがたり) (やく おき かずひこ)

英訳：Alessandro Easthope
(えいやく)

先生は、子どもたちに聞きました。
「この教室に、人が、何人いますか?」

子どもたちが答えました。
「ひとり、ふたり、さんにん、よにん、
　ごにん、ろくにん、ななにん、
　はちにん、きゅうにん、
　じゅうにん!」

先生は、また子どもたちに聞きました。

「ここに、みかんがあります。

　いくつありますか？」

子どもたちは、元気な声で答えました。

「ひとつ、ふたつ、みっつ、よっつ、

　いつつ、むっつ、ななつ、やっつ、

　ここのつ、とお！」

「ん？」

ある女<ruby>女<rt>おんな</rt></ruby>の子<ruby>子<rt>こ</rt></ruby>が、隣<ruby>隣<rt>となり</rt></ruby>の友達<ruby>友達<rt>ともだち</rt></ruby>に聞<ruby>聞<rt>き</rt></ruby>きました。

「『ひとつ』から『ここのつ』まで、

『つ』の字<ruby>字<rt>じ</rt></ruby>がありますね？」

「ええ、あります」

「じゃあ、どうして、『とお』に

『つ』の字<ruby>字<rt>じ</rt></ruby>がありませんか？」

一つ、二つ、三つ、四つ、五つ、六つ、
七つ、八つ、九つ、十。

『一つ』から『九つ』まで『つ』の字が
ありますが、『十』は『十つ』じゃあり
ません。

隣の子が言いました。

「それは当たり前です。

『いつつ』に『つ』が、二つあります。

『とお』から『つ』を取りましたから」

VOCABULARY LIST・単語リスト

- 教室 / *kyōshitsu* / classroom

- みかん / *mikan* / (mandarin) orange

- 当たり前 / *atarimae* / obvious, natural

- 取る, 取ります / *toru, torimasu* / to take

QUESTIONS・問題(もんだい)

次(つぎ)の問題(もんだい)から、正(ただ)しい答(こた)えを一(ひと)つ選(えら)んでください。

1. 「ここ」は、どこですか？[6]

   A. 家(いえ)

   B. スーパー(すーぱー)

   C. 学校(がっこう)

2. 正(ただ)しい読(よ)み方(かた)は、どれですか？[7]

   A. いつつ、とおつ

   B. いつ、とおつ

   C. いつつ、とお

---

[6] Q1. Where is "here?"

[7] Q2. What is the correct reading?

3. お話の内容と合っているものは、どれですか？[8]

    A. 教室に、りんごがあります

    B. 先生が、一人います

    C. 女の子は、後ろの友達に聞きました

4. 今日は、何の勉強ですか？[9]

    A. みかんの勉強です

    B. 数え方の勉強です

    C. ひらがなの勉強です

---

[8] Q3. Which one matches the contents of the story?

[9] Q4. What did they study in class today?

ANSWERS・解答
<ruby>解答<rt>かいとう</rt></ruby>

1. C. <ruby>学校<rt>がっこう</rt></ruby>

   School

2. C. いつつ、とお

   Itsutsu, tō.

3. B. <ruby>先生<rt>せんせい</rt></ruby>が、<ruby>一人<rt>ひとり</rt></ruby>います

   There is one teacher.

4. B. <ruby>数<rt>かぞ</rt></ruby>え<ruby>方<rt>かた</rt></ruby>の<ruby>勉強<rt>べんきょう</rt></ruby>です

   They are studying how to count.

先生は、子どもたちに聞きました。

「この教室に、人が、何人いますか?」

子どもたちが答えました。

「ひとり、ふたり、さんにん、よにん、ごにん、

ろくにん、ななにん、はちにん、きゅうにん、じゅ

うにん!」

先生は、また子どもたちに聞きました。

「ここに、みかんがあります。いくつあります

か?」

子どもたちは、元気な声で答えました。

The teacher asked the children: "How many people are in this classroom?"

The children answered: "One, two, three, four, five, six, seven, eight, nine, ten people!"

The teacher asked the children again: "There are some oranges here. How many are there?"

The children replied with energetic voices:

「ひとつ、ふたつ、みっつ、よっつ、いつつ、むっつ、ななつ、やっつ、ここのつ、とお！」

「ん？」

ある女（おんな）の子（こ）が、隣（となり）の友達（ともだち）に聞（き）きました。

「『ひとつ』から『ここのつ』まで、『つ』の字（じ）がありますね？」

「ええ、あります」

「じゃあ、どうして、『とお』に『つ』の字（じ）がありませんか？」

"One, two, three, four, five, six, seven, eight, nine, ten!"

"Hmm?"

A girl asked her friend next to her: "From 'one' to 'nine,' there's the character 'tsu', right?"

"Yes, there is."

"Then, why isn't there a 'tsu' character in 'ten'?"

一つ、二つ、三つ、四つ、五つ、六つ、七つ、八つ、九つ、十。

『一つ』から『九つ』まで『つ』の字がありますが、『十』は『十つ』じゃありません。

隣の子が言いました。

「それは当たり前です。『いつつ』に『つ』が、二つあります。『とお』から『つ』を取りましたから」

One, two, three, four, five, six, seven, eight, nine, ten.

From "one" to "nine" has the character "tsu", but "ten" isn't "ten-tsu."

The child next to her said: "That's obvious. 'Five' has two 'tsu's because 'five' took the 'tsu' from 'ten.'"

The Secret

ひみつ
秘密

原典: 醒睡笑　　　簡訳: 沖　一彦

英訳：Alessandro Easthope

「ここが隣町かぁ」

太郎さんは、二日も歩きました。

そして、この町へ来ました。

ここは、

山も高いです。川も大きいです。

44

太郎さんは、木の下で水を飲みました。
少し休みたかったからです。

ホーホーポッポー
ホーホーポッポー
鳥がいました。その声は鳩でした。
でも、珍しい色です。
「おっ！　きれいな色だ」

太郎さんは、また歩きます。
「新しいところは、面白いなあ。
　さて、この道はどこへ？」

太郎さんは、畑に来ました。
そこに、女の人が一人いました。
女の人は農家です。農家は、畑で野菜を
作ります。

太郎さんは、女の人の手を見ました。
手に、黒い種があります。

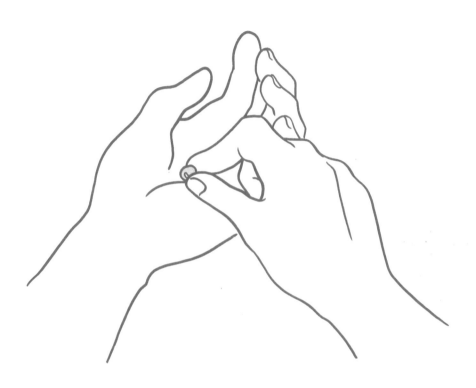

何の種でしょうか？
太郎さんは、わかりませんでした。

「こんにちは！
　　それは何の種ですか？」
太郎さんは、大きな声で聞きました。

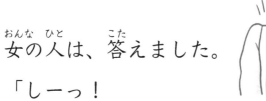

女の人は、答えました。

「しーっ！
　　声が大きいです。もっとこちらへ」

どうして？

「もっと小さな声で、お願いします」

ああ、わかりました、わかりました。

あれは、珍しい外国の種ですね？

だから秘密ですね。

「わかりました。そちらへ行きます」

太郎さんは、女の人の隣へ行きました。

そして、とても小さな声で聞きました。

「それは、何の種ですか？」

「これは、大豆の種です」
「大豆?　大豆は、珍しいものじゃ

ありませんよ?」
女の人は答えました。
「鳩が聞きますから、小さな声で」

VOCABULARY LIST・単語リスト

- 声 / *koe* / voice, singing, chirping (bird)
- 鳩 / *hato* / pigeon
- 珍しい / *mezurashii* / rare
- 農家 / *nōka* / farmer
- 種 / *tane* / seed
- 大豆 / *daizu* / soybean

QUESTIONS・問題

次の問題から、正しい答えを一つ選んでください。

1.「ホーホーポッポー」は、誰の声ですか?[10]
   A. 女の人の声
   B. 太郎さんの声
   C. 鳩の声

2. 女の人の手に、何がありましたか?[11]
   A. 外国の種
   B. 大豆の種
   C. 珍しい種

---

10 Q1. Whose voice was like "coo, coo, coo, coo"?

11 Q2. What did the woman have in her hand?

3. どうして、女の人は、小さな声で話したいです

か？12

    A.　町のみんなが聞きますから

    B.　この種は、珍しい種ですから

    C.　鳩が聞きますから

4. お話の内容と合っているものは、どれです

か？13

    A.　畑に鳩が、よく来ます

    B.　女の人は、鳩に種をあげます

    C.　女の人は、外国の野菜を作ります

---

12 Q3. Why did the woman want to speak quietly?

13 Q4. Which one matches the contents of the story?

ANSWERS・解答<ruby>かいとう</ruby>

1. C. <ruby>鳩<rt>はと</rt></ruby>の<ruby>声<rt>こえ</rt></ruby>

   A pigeon's chirping

2. B. <ruby>大豆<rt>だいず</rt></ruby>の<ruby>種<rt>たね</rt></ruby>

   Soybean seeds

3. C. <ruby>鳩<rt>はと</rt></ruby>が<ruby>聞<rt>き</rt></ruby>きますから

   So the pigeons would hear him.

4. A. <ruby>畑<rt>はたけ</rt></ruby>に<ruby>鳩<rt>はと</rt></ruby>が、よく<ruby>来<rt>き</rt></ruby>ます

   The pigeons often come to the fields.

「ここが隣町かぁ」太郎さんは、二日も歩きました。そして、この町へ来ました。

ここは、山も高いです。川も大きいです。

太郎さんは、木の下で水を飲みました。少し休みたかったからです。

ホーホーポッポー　ホーホーポッポー

鳥がいました。その声は鳩でした。

でも、珍しい色です。

「おっ！　きれいな色だ」

"So, this is the town over."

Taro had been walking for two days, and he had come to this town. The mountains are tall here. The rivers are big as well. Taro took a drink of water under a tree. He wanted to rest.

Coo, coo, coo, coo. Coo, coo, coo, coo.

There was a bird. It was a pigeon chirping. But the pigeon was a rare color.

"Woah! What a beautiful color!"

太郎さんは、また歩きます。

「新しいところは、面白いなあ。さて、この道は

どこへ？」

太郎さんは、畑に来ました。

そこに、女の人が一人いました。女の人は農家で

す。農家は、畑で野菜を作ります。

太郎さんは、女の人の手を見ました。

手に、黒い種があります。

何の種でしょうか？　太郎さんは、わかりませんで

した。

Taro started walking again.

"It's fun to go to new places. Well then, where does this road go?"

Taro ended up in a field.

There was a woman. She was a farmer. She was growing vegetables in the field.

Taro looked at the woman's hand. She had a black seed in her hand.

What kind of seed could that be? Taro didn't know.

「こんにちは！　それは何の種ですか？」

太郎さんは、大きな声で聞きました。

女の人は、答えました。

「しーっ！　声が大きいです。もっとこちらへ」

どうして？

「もっと小さな声で、お願いします」

ああ、わかりました、わかりました。あれは、珍しい外国の種でしょう。だから秘密ですね。

「わかりました。そちらへ行きます」

"Hello there. What kind of seed is that?"

Taro asked loudly.

The woman replied: "Shh! Your voice is so loud. Come here really quick."

"What's wrong?" he thought.

"Please speak in a quieter voice. "

Oh, got it, got it. That must be a rare seed from a foreign land. So, it must be a secret.

"Got it. I'll come over there."

太郎さんは、女の人の隣へ行きました。そして、とても小さな声で聞きました。

「それは、何の種ですか？」

「これは、大豆の種です」

「大豆？　大豆は、珍しいものじゃありませんよ？」

女の人は答えました。

「鳩が聞きますから、小さな声で」

Taro went to the woman's side.

He asked very quietly: "What kind of seed is it?"

"This is a soybean seed."

"Soybean? Soybeans aren't rare at all."

The woman replied:"The pigeons will hear you, so speak quietly."

The Lost Child

まいご
迷子

作: 西野　由美　　簡訳: 沖　一彦

英訳：Alessandro Easthope

くつした *Socks*

「あれ〜？」
ゆうすけは、靴下を履きました。

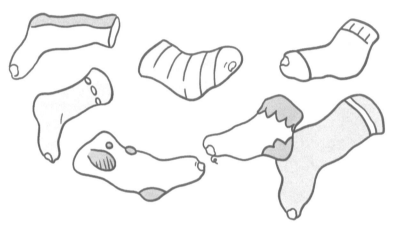

靴下から親指が出ます。
この靴下も、その靴下も、あの靴下も、
親指が出ます。
全部穴が、ありますから。
ゆうすけは、お母さんに言いました。
「ぼく、新しい靴下がほしい」

お母さんは言いました。

「今、忙しいから、

　　お父さんと一緒に行きましょうね」

ゆうすけの妹は、まだ小さいです。

だから、お母さんは忙しいです。

「じゃあ、いってきます」

ゆうすけとお父さんが言いました。

「いってらっしゃい」

お母さんが言いました。

ゆうすけは、お父さんと二人で、
デパートへ行きました。
デパートは、店が、たくさんあります。

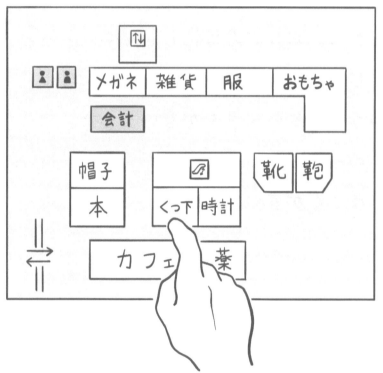

二人は、帽子屋さんへ来ました。
お父さんは、帽子を見ました。

「わー！　かっこいい

　……だめだめ、今は買いません」

ゆうすけは、お父さんの後ろにいます。
ゆうすけは、帽子を一つ取りました。
そして、被りました。

二人は、メガネ屋さんへ来ました。

お父さんは、サングラスを見ました。

「おっ！　今年の夏は、

　これで海へ行きたい……ああ、

　だめだめ、今は買いません」

ゆうすけは、

店のサングラスをかけました。

二人は、服屋さんへ来ました。
「へぇ～！　きれいな色だなぁ
　……だめだめ、買いませんよ」
お父さんは、店を出ました。

でも、ゆうすけは、店の服を着ました。

二人は、靴屋さんへ来ました。
「うーん。新しい靴が欲しいなぁ

　……あ、だめだめ」

お父さんは、店を出ました。
でも、ゆうすけは、店の靴を履きまし
た。

66

「そうだ、そうだ！　靴下、靴下」

お父さんは、後ろのゆうすけを見ました。

「誰？」

お父さんは、びっくりしました。

その子どもは、

ゆうすけじゃありませんでした。

お父さんは、ゆうすけを探します。

ゆうすけは、どこ？ *Where is Yusuke?*

お父さんは、
また靴屋さんへ行きました。
そして、店の人に聞きます。
「私の子どもを、見ませんでしたか？」
店の人は答えます。
「いいえ。服は、何色でしたか？」
「青色です」

「ここに、いませんね」

「そうですか。ありがとうございます」

ゆうすけは、
お父さんの後ろで、靴を脱ぎました。
そして、元のところに置きました。

次に、服屋さんへ行きました。
「私の子どもを、見ませんでしたか？」
「どんな顔ですか？」
「目が大きいです。眉毛が太いです」
「うーん、わかりません」

ゆうすけは、
お父さんの後ろで、服を脱ぎました。
そして、元のところに置きました。

次に、メガネ屋さんへ行きました。
「私の子どもを、見ませんでしたか？」
「どんな子どもですか？」
「髪が短いです。髪の色は黒です」
「見ませんでした。ごめんなさい」

ゆうすけは、お父さんの後ろで、
サングラスを取りました。
そして、元のところに置きました。

最後に、帽子屋さんへ行きました。

ゆうすけは、
お父さんの後ろで、帽子を取りました。
お父さんは、店の人に聞きました。
「私の子どもを、見ませんでしたか？」

「ええ、見ました。
　後ろの子どもじゃありませんか？」

そこに、ゆうすけがいました。

お父さんは聞きました。
「今まで、どこにいましたか？
　心配しましたよ」
ゆうすけは答えました。
「ずっとお父さんの後ろにいましたよ」

VOCABULARY LIST · 単語リスト

- 靴下 / *kutsushita* / socks
- 履く, 履きます

  / *haku, hakimasu* / to wear (shoes, socks)
- 親指 / *oyayubi* / thumb, big toe
- 穴 / *ana* / hole
- かっこいい / *kakkoii* / cool, awesome
- (帽子を) 被る, 被ります

  / *kaburu, kaburimasu* / to put on (your head)
- 色 / *iro* / color
- びっくりする, びっくりします

  / *bikkurisuru, bikkurishimasu* /

  to be surprised, surprise
- 探す, 探します

  / *sagasu, sagashimasu* / to look for, to search
- 脱ぐ, 脱ぎます

  / *nugu, nugimasu* / to take off (clothes)
- 元の / *motono* / the original

- 眉毛（まゆげ）/ *mayuge* / eyebrows
- 太い（ふと）/ *futoi* / thick
- 最後に（さいご）/ *saigoni* / last, finally
- 心配（しんぱい）/ *shimpai* / worry
- ずっと / *zutto* / forever, the whole time

QUESTIONS・問題

次の問題から、正しい答えを一つ選んでください。

1. どうして、ゆうすけとお父さんは、デパートへ行きましたか？[14]
   A. お父さんの靴下を買いたかったですから
   B. ゆうすけの靴下を買いたかったですから
   C. 妹の靴下を買いたかったですから

2. ゆうすけは、どこにいましたか？[15]
   A. ずっとお父さんの後ろにいました
   B. ずっと帽子屋さんにいました
   C. ずっと家にいました

---

[14] Q1. Why did Yusuke and his dad go to the department store?

[15] Q2. Where was Yusuke?

3. どうして、お父さんは、ゆうすけがわかりませ
んでしたか？[16]
   A. 靴下に穴がありませんでしたから
   B. デパートに、子どもがたくさんいましたか
ら
   C. 帽子や服が、ゆうすけのものじゃありませ
んでしたから

4. お話の内容と合っているものは、どれです
か？[17]
   A. お父さんは、帽子やサングラスや靴を買い
ました
   B. お母さんと妹は、デパートへ行きませんで
した
   C. ゆうすけは、髪が長いです。そして、黒い
です

---

[16] Q3. Why did Yusuke's dad not recognize Yusuke?

[17] Q4. Which one matches the contents of the story?

ANSWERS・解答

---

1. B. ゆうすけの靴下を買いたかったですから

   They wanted to buy Yusuke some socks.

2. A. ずっとお父さんの後ろにいました

   He was behind his dad the whole time.

3. C. 帽子や服が、ゆうすけのものじゃありま

   せんでしたから

   The hat and clothes didn't belong to

   Yusuke.

4. B. お母さんと妹は、デパートへ行きません

   でした

   His mom and little sister didn't go the

   department store with them.

「あれ〜？」

ゆうすけは、靴下を履きました。靴下から親指が出ます。

この靴下も、その靴下も、あの靴下も、親指が出ます。全部穴が、ありますから。

ゆうすけは、お母さんに言いました。

「ぼく、新しい靴下がほしい」

お母さんは言いました。

"What's that?"

Yusuke put on his socks. His big toe was sticking out from his sock.

His toe stuck out of this sock, that sock, and the one over there.

There was a hole in all the socks.

Yusuke told his mom:

"I want new socks."

His mom said:

「今、忙しいから、お父さんと一緒に行きましょうね」

ゆうすけの妹は、まだ小さいです。だから、お母さんは忙しいです。

「じゃあ、いってきます」

ゆうすけとお父さんが言いました。

「いってらっしゃい」

お母さんが言いました。

ゆうすけは、お父さんと二人で、デパートへ行きました。デパートは、店が、たくさんあります。

"I'm busy right now. How about you go with dad? "

Yusuke's little sister was still small, so his mom was busy.

"Okay, we're off!" Yusuke and his father said.

"See you later!"His mother said.

Yusuke and his dad went to the department store together. There were many shops in the department store.

二人は、帽子屋さんへ来ました。

お父さんは、帽子を見ました。

「わー！　かっこいい

　……だめだめ、今は買いません」

ゆうすけは、お父さんの後ろにいます。ゆうすけ

は、帽子を一つ取りました。そして、被りまし

た。

二人は、メガネ屋さんへ来ました。お父さんは、

サングラスを見ました。

The two of them went to the hat shop. His father
was looking at a hat.

"Wow! What a cool hat... No, no, I can't buy it right
now."

Yusuke was behind his dad. Yusuke took a hat and
put it on.

The two of them went to the glasses shop. His
father was looking at a pair of sunglasses.

「おっ！ 今年の夏は、これで海へ行きたい

　……ああ、だめだめ、今は買いません」

ゆうすけは、店のサングラスをかけました。

二人は、服屋さんへ来ました。

「へぇ～！ きれいな色だなぁ

　……だめだめ、買いませんよ」

お父さんは、店を出ました。でも、ゆうすけは、店の服を着ました。

二人は、靴屋さんへ来ました。

"Wow! I want to go to the beach this summer in these... But, no, no, I can't buy them right now."

Yusuke put on the shop's sunglasses.

The two of them went to a clothing store.

"Wow! This is a beautiful color... No, no, I can't buy it."

His father left the shop. Yusuke put on the clothes from the shop.

The two of them went to the shoe store.

「うーん。新しい靴が欲しいなぁ

　……あ、だめだめ」

お父さんは、店を出ました。でも、ゆうすけは、

店の靴を履きました。

「そうだ、そうだ！　靴下、靴下」

お父さんは、後ろのゆうすけを見ました。

「誰？」

お父さんは、びっくりしました。その子どもは、

ゆうすけじゃありませんでした。

お父さんは、ゆうすけを探します。

お父さんは、また靴屋さんへ行きました。

"Hmm. I want some new shoes... Wait, no, no."

His father left the shop. But, Yusuke put on the

shoes from the store.

"Right, right. We're here for socks."

His father looked for Yusuke behind him.

"Who are you?"

His father was surprised. The child wasn't Yusuke.

His father looked for Yusuke.

His father went back to the shoe store.

そして、店の人に聞きます。
「私の子どもを、見ませんでしたか？」
店の人は答えます。
「いいえ。服は、何色でしたか？」
「青色です」
「ここに、いませんね」
「そうですか。ありがとうございます」
ゆうすけは、お父さんの後ろで、靴を脱ぎました。
そして、元のところに置きました。
次に、服屋さんへ行きました。

He asked a staff member: "Have you seen my kid?"

The staff member replied: "No, what color clothes was he wearing?"

"Blue."

"He's not here."

"I see. Thank you very much."

Yusuke, behind his dad's back, took off the shoes.

He put them back where he found them.

「私の子どもを、見ませんでしたか？」

「どんな顔ですか？」

「目が大きいです。眉毛が太いです」

「うーん、わかりません」

ゆうすけは、お父さんの後ろで、服を脱ぎました。

そして、元のところに置きました。

次に、メガネ屋さんへ行きました。

「私の子どもを、見ませんでしたか？」

「どんな子どもですか？」

Next, his father went to the clothing store.

"Have you seen my son?"

"What does his face look like?"

"He has big eyes. He has thick eyebrows."

"Hmm, I'm not sure."

Yusuke, behind his dad's back, took off the clothes.

He put them back where he found them.

Next, he went to the glasses shop.

"Have you seen my son?"

"What kind of kid?"

「髪が短いです。髪の色は黒です」

「見ませんでした。ごめんなさい」

ゆうすけは、お父さんの後ろで、サングラスを取りました。そして、元のところに置きました。

最後に、帽子屋さんへ行きました。

ゆうすけは、お父さんの後ろで、帽子を取りました。

お父さんは、店の人に聞きました。

「私の子どもを、見ませんでしたか？」

"He has short hair. His hair is black."

"I'm sorry. I haven't seen him."

Yusuke, behind his dad's back, took off his sunglasses. He put them back where he found them.

Last, they went to the hat shop.

Yusuke, behind his dad's back, took off the hat.

His father asked the staff member:

"Have you seen my son?"

「ええ、見ました。後ろの子どもじゃありませんか?」

そこに、ゆうすけがいました。

お父さんは聞きました。

「今まで、どこにいましたか? 心配しましたよ」

ゆうすけは答えました。

「ずっとお父さんの後ろにいましたよ」

"Yes, I have. Isn't he the kid behind you?"

Yusuke was there.

His dad asked:

"Where have you been? I was worried."

Yusuke answered:

"I was behind you the whole time."

90

Mr.Wada and The Lotus Flower

和田さんとハスの花

作: 西野　由美　監修: 沖　一彦

英訳：Alessandro Easthope

明日の約束 *A Promise for Tomorrow*

和田さんは、毎日家にいます。
和田さんは、静かな家が好きでした。
家の中で、キッチンが一番好きです。

和田さんは、料理人でしたから、料理が
上手でした。

友達の南さんから電話です。

南さんは、いつも元気なおばあさんで

す。

「明日は、和田さんの誕生日ですね？」

「ええ、そうです」

「じゃあ、明日一緒に遊びましょう。

　昼の一時に、駅で会いましょう」

「うーん……」
和田さんは、外へ出たくないです。

南さんは言いました。
「たまには、外へ行きましょう」
「たまには、ね。わかりました。
　じゃあ、また明日」
「また明日」

和田さんは、電話を切りました。
そして、鞄を出しました。

「忘れ物は、ありませんね？」
その夜、和田さんは、何度も何度も、
鞄の中を見ました。

VOCABULARY LIST・単語リスト

- キッチン/ *kitchin* / kitchen
- 料理人/ *ryōrinin* / cook, chef
- たまには/ *tamaniwa* / sometimes, occasionally
- 忘れ物/ *wasuremono* / forgotten, lost item
- 何度も/ *nandomo* / many times, countless times, over and over

明日の準備 Preparing for Tomorrow

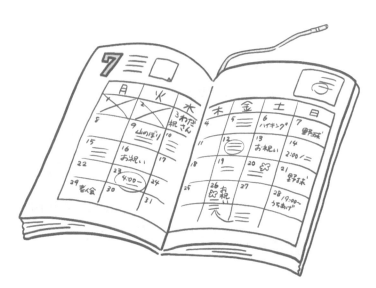

南さんは、元気なおばあさんです。

南さんは、あまり家にいません。

いつも外にいます。

話が好きでしたから、たくさん友達がい

ました。

南さんは、手帳を開けました。

明日は、和田さんの誕生日です。

「楽しい日にしたいですね」

南さんは、朝、和田さんに電話をしました。

その日の昼、近くの駅に行きました。
切符を、二枚買いました。

<ruby>喫茶店<rt>きっさてん</rt></ruby>で、コーヒーを<ruby>飲<rt>の</rt></ruby>みました。

<ruby>夜<rt>よる</rt></ruby>、<ruby>遠<rt>とお</rt></ruby>くの<ruby>友達<rt>ともだち</rt></ruby>に<ruby>電話<rt>でんわ</rt></ruby>をしました。

「明日は、これで大丈夫」

南さんは、鞄を開けました。

そして、手帳と切符を一枚入れました。

VOCABULARY LIST・単語リスト

- 話 / *hanashi* / talking, story
- 手帳/ *techō* / planner, appointment book
- 切符/ *kippu* / ticket
- 〜枚/ *mai* / counter for flat objects like paper,

  banknotes, tickets, and t-shirts
- 喫茶店/ *kissaten* / café

コーヒー *Coffee*

和田さんは、駅に来ました。

プルルルル……。南さんから電話です。

「ごめんなさい。もう一時ですね」

「いいですよ。待ちます」

「いえいえ。

駅の前に、喫茶店がありますね？

喫茶店の中で、会いましょう。

コーヒーがおいしいですよ」

和田さんは、コーヒーを飲みました。

そこに、店の主人が来ました。

「コーヒーは、どうでしたか?」

「とてもおいしかったです」

「南様のお友達の……和田様ですね?」

「ええ、そうです」

「南様からです。これをどうぞ」

店の主人は、和田さんに鍵を渡しました。それは、ロッカーの鍵でした。

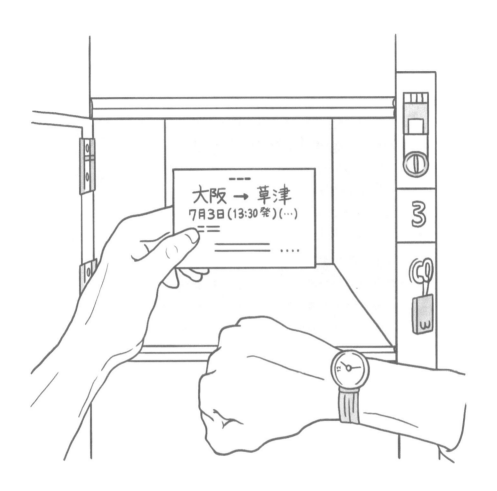

大阪 → 草津
7月3日(13:30発)(…)

和田さんは、また駅に行きました。

「おっ。ここですね」

ロッカーの中に、切符が、ありました。

切符の時間は、一時三十分です。

今は、一時二十八分です。

「えっ、あと二分!?」

和田さんは、走りました。

そして、電車に乗りました。

「ああ、僕は少し疲れました」

VOCABULARY LIST・単語リスト

- ～様/ *sama* / Mr., Ms.[18]

- 鍵/ *kagi* / key

- 渡す, 渡します/ *watasu, watashimasu* /

  to hand over, to pass

- ロッカー/ *rokkā* / locker

- あと～/ *ato* / after ～, in (in ～ minutes)

---

[18] very polite, mainly used for customers and guests

湖 *The Lake*
（みずうみ）

ここは駅です。

でも、南さんは、いません。

「和田様ですか？」

誰の声でしょう？

南さんの声じゃありません。

和田さんは、後ろを見ました。

それは、タクシーの運転手さんでした。

「はい。私です」

「こちらへどうぞ」

和田さんは、タクシーに乗りました。

和田さんは聞きました。

「どこへ行きますか？」

運転手さんは答えました。

「日本で一番大きな湖です」

運転手さんは、話好きな人でした。

「どこから来ましたか？」

「よく外へ行きますか？」

「仕事は何でしたか？」

「ペットは、いますか？」

和田さんは、100の質問に答えました。

そして、タクシーが止まりました。

「ここです。
　忘れ物は、ありませんか?」
質問は、101個でした。

　湖の隣に、植物園があります。
　植物園の前に、南さんがいました。

VOCABULARY LIST · 単語リスト

- 運転手 / *untenshu* / driver
- ペット / *petto* / pet
- 質問 / *shitsumon* / question
- ～個 / *ko* / generic counter for items over 10;

  counter for small and round items like eggs
- 植物園 / *shokubutsuen* / botanical garden

ハスの花 *The Lotus Flower*

和田さんと南さんは、植物園の中を歩きました。

大きな池が、あります。

丸い葉っぱが、あります。

きれいな花も、あります。ハスの花です。

和田さんは、カメラを出しました。

「そこで、写真を撮りましょう」

南さんが、池の前に立ちます。

「ここですか？」

「もう少し後ろ、後ろ」

「ここですか？」

「はい、そこです。はい、チーズ」

そのとき、一匹のトンボが、カメラの前を通りました。

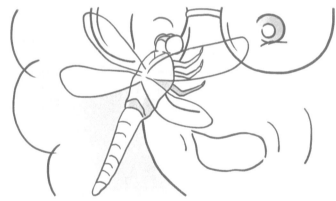

トンボは、南さんの鼻に止まりました。

「わあ！」

「危ない！」

ドボン。南さんが、池に落ちました。

「大丈夫ですか？」
植物園の人が来ました。

和田さんと植物園の人は、南さんの手を
引っ張りました。
足は、池の外に出ました。

でも、靴が、ありません。
「あぁ、困りました」
南さんが言いました。
和田さんは、池の中に、手を入れました。そして、丸いものを出しました。

「これですか？」
「いいえ。私の靴は小さいですから、
　それじゃないです」

117

植物園の人が、水をかけました。

和田さんは、もう一回聞きました。

「これですか？」

「あっ！　それです」

118

「でも、これは何でしょう？」

和田さんは、植物園の人に聞きました。

「これは、レンコンです」

植物園の人が言いました。

「どうぞ。プレゼントです。

　おいしいですよ」

二人は、レンコンをもらいました。

VOCABULARY LIST · 単語リスト

- 池/ *ike* / pond
- 丸い/ *marui* / round
- 葉っぱ/ *happa* / leaf
- カメラ/ *kamera* / camera
- 〜匹/ *hiki* / counter for mid-size animals
- トンボ/ *tombo* / dragonfly
- 通る, 通ります/ *tōru, tōrimasu* /

  to pass through
- 鼻/ *hana* / nose
- 落ちる, 落ちます/ *ochiru, ochimasu* / to fall
- 引っ張る, 引っ張ります

  / *hipparu, hipparimasu* /

  to pull, to tug, to drag
- （水を）かける, かけます

  / *kakeru, kakemasu* /

  to put sth on sth, to splash（water）
- レンコン/ *renkon* / lotus root

もうひとつの花 Another Flower

和田さんは、

タクシーの中で、写真を見ました。

「あれ？

南さんの写真が、ありませんね」

南さんも、写真を見ました。

「本当。トンボの写真だけですね」

和田さんは言いました。

「写真は残念でした。でも、とてもいい

プレゼントをもらいました」

「ええ。大きなレンコンですね」

「いえいえ。これじゃありません」

「何^{なん}ですか？」

「楽^{たの}しい思^{おも}い出^て19をもらいました」

和田^{わ だ}さんは、にっこり笑^{わら}いました。

「まぁ、嬉^{うれ}しい」

南^{みなみ}さんも笑^{わら}いました。

---

19 思い出…memory

次の日、
南さんは、和田さんの家へ行きました。
和田さんは言いました。
「僕からプレゼントが、あります」
それは、レンコンの料理でした。

二人は幸せでした。

「まぁ！　きれいな花。

　写真を撮りましょう」

VOCABULARY LIST · 単語リスト

- 残念/ *zannen* / unfortunate, a shame that...,

  too bad

- にっこり / *nikkori* / sweet smile, beaming grin

- 幸せ/ *shiawase* / happiness

QUESTIONS・問題

次の問題から、正しい答えを一つ選んでください。

1. 和田さんと南さんは、いつ植物園へ行きましたか？[20]
   A. 和田さんの誕生日に行きました
   B. 南さんの誕生日に行きました
   C. 和田さんの誕生日の次の日に行きました

2. 和田さんと南さんは、どこで会いましたか？[21]
   A. 喫茶店で会いました
   B. 草津駅で会いました
   C. 植物園の前で会いました

---

[20] Q1. When did Mr. Wada and Ms. Minami go to the botanical garden?

[21] Q2. Where did Mr. Wada and Ms. Minami meet up?

3. 「丸いもの」は、何でしたか？[22]

A. 和田さんの靴でした

B. レンコンでした

C. カメラでした

4. お話の内容と合っているものは、どれですか？[23]

A. 和田さんは、レンコンを買いました

B. 和田さんは、南さんの写真を、たくさん撮りました

C. 和田さんと南さんは、いい思い出を作りました

---

[22] Q3. What was the "round" thing?

[23] Q4. Which one matches the contents of the story?

ANSWERS・解答

1. A.　和田さんの誕生日に行きました

   It was Mr. Wada's birthday.

2. C.　植物園の前で会いました

   They met in front of the botanical garden.

3. B.　レンコンでした

   It was a lotus root.

4. C.　和田さんと南さんは、いい思い出を
   作りました

   Mr. Wada and Ms. Minami made a good memory.

ENGLISH TRANSLATION・英訳

明日の約束

和田さんは、毎日家にいます。

和田さんは、静かな家が好きでした。

家の中で、キッチンが一番好きです。和田さんは、料理人でしたから、料理が上手でした。

友達の南さんから電話です。南さんは、いつも元気なおばあさんです。

「明日は、和田さんの誕生日ですね？」

「ええ、そうです」

A Promise for Tomorrow

Mr. Wada was at home everyday.

He liked a quiet home. Inside his house, he loved his kitchen the best. Mr. Wada was a chef, so he was good at cooking.

It was a call from his friend Ms. Minami. Ms. Minami was an old lady who was always cheerful.

"Tomorrow is your birthday, right?"

"Yes, that's right."

「じゃあ、明日一緒に遊びましょう。
　昼の一時に、駅で会いましょう」

「うーん……」

和田さんは、外へ出たくないです。

南さんは言いました。

「たまには、外へ行きましょう」

「たまには、ね。わかりました。
　じゃあ、また明日」

「また明日」

和田さんは、電話を切りました。

"Let's have some fun together tomorrow. Let's meet at the station at one o'clock."

"Hmm..."

Mr. Wada did not want to go outside.

Ms. Minami said: "It's good to go outside occasionally."

"Occasionally, yeah. Got it. I'll see you tomorrow, then."

"I'll see you tomorrow."

Mr. Wada hung up the phone.

そして、鞄を出しました。

「忘れ物は、ありませんね？」

その夜、和田さんは、何度も何度も、鞄の中を見ました。

明日の準備

南さんは、元気なおばあさんです。

南さんは、あまり家にいません。

いつも外にいます。

話が好きでしたから、たくさん友達がいました。

南さんは、手帳を開けました。

He got his bag out.

"I'm not forgetting anything, right?"

That night, Mr. Wada checked his bag over and over.

Preparing for Tomorrow

Ms. Minami was a cheerful old lady.

She was not at home much. She was always outside.

She liked talking and had a lot of friends.

Ms. Minami opened her planner.

明日は、和田さんの誕生日です。

「楽しい日にしたいですね」

南さんは、朝、和田さんに電話をしました。

その日の昼、近くの駅に行きました。切符を、二枚買いました。

喫茶店で、コーヒーを飲みました。

夜、遠くの友達に電話をしました。

「明日は、これで大丈夫」

南さんは、鞄を開けました。そして、手帳と切符を一枚入れました。

Tomorrow is Mr. Wada's birthday.

"I want it to be a fun day."

Ms. Minami called Mr. Wada in the morning.

That afternoon, she went to a nearby station. She bought two tickets.

She had coffee at a café.

At night, she called a friend who lived far away.

"Tomorrow, this will do."

Ms. Minami opened her bag. She put one ticket and her planner in it.

コーヒー

和田さんは、駅に来ました。

プルルルル……。南さんから電話です。

「ごめんなさい。もう一時ですね」

「いいですよ、待ちます」

「いえいえ。駅の前に、喫茶店がありますね？喫茶店の中で、会いましょう。コーヒーがおいしいですよ」

和田さんは、コーヒーを飲みました。そこに、店の主人が来ました。

Coffee

Mr. Wada had come to the station.

Ring, ring! It was a phone call from Ms. Minami.

"I'm sorry. It's already one o'clock, isn't it?"

"Sure, I'll wait."

"No, no, no. There's a café in front of the station, right? Let's meet in the café. The coffee there is delicious."

Mr. Wada was drinking coffee. The café owner came over.

「コーヒーは、どうでしたか？」

「とてもおいしかったです」

「南様のお友達の……和田様ですね？」

「ええ、そうです」

「南様からです。これをどうぞ」

店の主人は、和田さんに鍵を渡しました。それは、ロッカーの鍵でした。

和田さんは、また駅に行きました。

「おっ。ここですね」

ロッカーの中に、切符が、ありました。

"How was the coffee?"

"It was very delicious."

You are Ms. Minami's friend... Mr. Wada, correct?"

"Yes, that's right."

"This is from Ms. Minami. Here you go."

The café owner handed a key to Mr. Wada. It was the key to a locker.

Mr. Wada went to the station.

"Oh! Here it is."

Inside the locker, there was a ticket.

切符の時間は、一時三十分です。

今は、一時二十八分です。

「えっ、あと二分!?」

和田さんは、走りました。そして、電車に乗りました。

「ああ、僕は少し疲れました」

湖

ここは駅です。でも、南さんは、いません。

「和田様ですか？」

誰の声でしょう？　南さんの声じゃありません。

和田さんは、後ろを見ました。

The ticket was for 1:30 pm. It was 1:28 pm.

"Wait, that's in 2 minutes!?"

Mr. Wada ran. He got on the train.

"Phew, I'm a little tired."

The Lake

This was the station. But Ms. Minami wasn't there.

"Mr. Wada?"

Whose voice is that? It wasn't Ms. Minami's voice.

Mr. Wada looked behind him.

それは、タクシーの運転手さんでした。

「はい。私です」

「こちらへどうぞ」

和田さんは、タクシーに乗りました。和田さんは
聞きました。

「どこへ行きますか？」

運転手さんは答えました。

「日本で一番大きな湖です」

運転手さんは、話好きな人でした。

「どこから来ましたか？」

It was a taxi driver.

"Yes. It's me."

"Come this way."

Mr. Wada got in the taxi. He asked: "Where are we going?"

The driver replied: "The biggest lake in all of Japan."

The driver was a person who liked to talk.

"Where are you from?"

「よく外へ行きますか？」

「仕事は何でしたか？」

「ペットは、いますか？」

和田さんは、100の質問に答えました。そして、タクシーが止まりました。

「ここです。忘れ物は、ありませんか？」

質問は、101個でした。

湖の隣に、植物園があります。

植物園の前に、南さんがいました。

"Do you often go out?"

"What's your job?"

"Do you have a pet?"

Mr. Wada answered 100 questions. The taxi stopped.

"Here we are. Do you forget anything?"

Now it was 101 questions.

There was a botanical garden next to the lake. Ms. Minami was in front of the botanical garden.

ハスの<ruby>花<rt>はな</rt></ruby>

<ruby>和田<rt>わだ</rt></ruby>さんと<ruby>南<rt>みなみ</rt></ruby>さんは、<ruby>植物園<rt>しょくぶつえん</rt></ruby>の<ruby>中<rt>なか</rt></ruby>を<ruby>歩<rt>ある</rt></ruby>きました。

<ruby>大<rt>おお</rt></ruby>きな<ruby>池<rt>いけ</rt></ruby>が、あります。<ruby>丸<rt>まる</rt></ruby>い<ruby>葉<rt>は</rt></ruby>っぱが、あります。

きれいな<ruby>花<rt>はな</rt></ruby>も、あります。ハスの<ruby>花<rt>はな</rt></ruby>です。

<ruby>和田<rt>わだ</rt></ruby>さんは、<ruby>カメラ<rt>かめら</rt></ruby>を<ruby>出<rt>だ</rt></ruby>しました。

「そこで、<ruby>写真<rt>しゃしん</rt></ruby>を<ruby>撮<rt>と</rt></ruby>りましょう」

<ruby>南<rt>みなみ</rt></ruby>さんが、<ruby>池<rt>いけ</rt></ruby>の<ruby>前<rt>まえ</rt></ruby>に<ruby>立<rt>た</rt></ruby>ちます。

「ここですか？」

「もう<ruby>少<rt>すこ</rt></ruby>し<ruby>後<rt>うし</rt></ruby>ろ、<ruby>後<rt>うし</rt></ruby>ろ」

The Lotus Flower

Mr. Wada walked through the botanical garden with Ms. Minami.

There was a big pond. There were round leaves. There were beautiful flowers. They were lotus flowers.

Mr. Wada took out his camera.

"Let's take a picture here."

Ms. Minami stood in front of the pond.

"Here?"

"Step back a little more. A little more."

「ここですか？」

「はい、そこです。はい、チーズ」

そのとき、一匹のトンボが、カメラの前を通りました。

トンボは、南さんの鼻に止まりました。

「わあ！」

「危ない！」

ドボン。

南さんが、池に落ちました。

「大丈夫ですか？」

"Here?"

"Yes, that's it! Say, cheese!!"

At that moment, a dragonfly passed in front of the camera.

The dragonfly landed on Ms. Minami's nose.

"Ahh!"

"Watch out!"

Splash!

Ms. Minami fell into the pond.

"Are you all right?"

しょくぶつえん ひと き
植物園の人が来ました。和田さんと植物園の人
みなみ て ひ ぱ
は、南さんの手を引っ張りました。
あし いけ そと て
足は、池の外に出ました。
くつ
でも、靴が、ありません。
こま みなみ い
「あぁ、困りました」南さんが言いました。
わ だ いけ なか て い
和田さんは、池の中に、手を入れました。
まる だ
そして、丸いものを出しました。
「これですか？」
わたし くつ ちい
「いいえ。私の靴は小さいですから、

　それじゃないです」

A botanical garden staff member came over.

Mr. Wada and the staff member grabbed Ms. Minami's hand.

She got her foot out of the pond, but her shoe wasn't there.

"Oh no, I'm in trouble!" Ms. Minami said.

Mr. Wada put his hand in the pond. He pulled out something round.

"Is this it?"

"No, my shoe is smaller, so that's not it."

植物園の人が、水をかけました。

和田さんは、もう一回聞きました。

「これですか？」

「あっ！　それです」

「でも、これは何でしょう？」

和田さんは、植物園の人に聞きました。

「これは、レンコンです」

植物園の人が言いました。

「どうぞ。プレゼントです。おいしいですよ」

二人は、レンコンをもらいました。

The botanical garden staff member splashed some water.

Mr. Wada asked again: "Is this it?"

"Yes! That's it!"

"But, what is this?"

Mr. Wada asked the botanical garden staff member:

"This is a lotus root."

The botanical garden staff member said:

"Here, it's my present. It's delicious. "

The two of them took the lotus root.

もうひとつの花

和田さんは、タクシーの中で、写真を見ました。

「あれ？　南さんの写真が、ありませんね」

南さんも、写真を見ました。

「本当。トンボの写真だけですね」

和田さんは言いました。

「写真は残念でした。

　でも、とてもいいプレゼントをもらいました」

「ええ。大きなレンコンですね」

「いえいえ。これじゃありません」

Another Flower

Mr. Wada was looking at some pictures inside the taxi.

"Hmm? Your picture's not here."

Ms. Minami looked at the pictures, too.

"That's true. There's only the picture of the dragonfly."

Mr. Wada said: "It's a shame about the photo. But we got a good present."

"Yes. A big lotus root."

"No, no. Not this."

「何ですか？」

「楽しい思い出をもらいました」

和田さんは、にっこり笑いました。

「まぁ、嬉しい」南さんも笑いました。

次の日、南さんは、和田さんの家へ行きました。

和田さんは言いました。

「僕からプレゼントが、あります」

それは、レンコンの料理でした。

二人は幸せでした。

「まぁ！　きれいな花。写真を撮りましょう」

"Then what?"

"I got a fun memory out of it."

Mr. Wada smiled warmly.

"Well, I'm glad." Ms. Minami also smiled.

The next day, Ms. Minami went to Mr. Wada's house.

Mr. Wada said: "I have a present for you."

It was a dish made with the lotus root.

The two of them were happy.

"Wow! What a beautiful flower. Let's take a picture."

Made in United States
Troutdale, OR
09/06/2023

12650020R10080